CLAUDE SICRE

HIGH TENÇON

textes, chansons et commentaires

Portrait par
FREDDO SACARO

Préface de
NOËL ARNAUD

Libre espace
Éditions Syllepse

Éditions Syllepse
69, rue des Rigoles, 75020 Paris
http://www.syllepse.net
edition@syllepse.net

ISBN : 2-913165-29-X

Préface

Un mot de la *tençon* (ou *tenson*). C'est une des formes de la poétique des troubadours, et donc aussi une forme de chanson. Au contraire du *sirventès* (autre forme de la poésie occitane ancienne), lui aussi souvent polémique, qui est un poème auquel répond un autre poème, la *tenson* est un poème dialogué à l'intérieur duquel les deux adversaires s'invectivent. On connaît des *tensons* d'inspiration très variée, parfois burlesque, parfois scatologique comme la *Tenson du pet* qui fait marcher les navires ou celle franchement obscène d'un troubadour dont on sait peu de chose sauf qu'il s'appelait Montan (mais pas Yves) dont voici un extrait dans sa langue d'origine :

> Et eu vas vos, Domna, ab braga baissada,
> Ab màger viet de nulh ase en despan ;
> E fotrai vos de tal arandonada
> Que los linçols tergeretz l'endeman
> E pos diretz qu'ops i es la bugada ;
> Ni mais no'm lèu ni (mais) mei colhon gran
> Se tant no'us fot que vos jairets pasmada.

Fréquemment le dialogue de la *tenson* est fictif et donc tout entier du même auteur. Il en existe cependant plusieurs, parvenues jusqu'à nous depuis les XIIe et XIIIe siècles, qui ont été écrites à deux ; la *tenson* devient alors réellement ce qu'elle a toujours l'air d'être : un poème à deux voix. Les plus grands troubadours ont écrit des *tensons*: Arnaud Daniel, Peire Cardinal, Bernard de Ventadour et Peire Ramon de Toulouse, et la comtesse de Die avec Raimbaud d'Orange, et à une époque plus récente les Fabulos Trobadors, avec Claude Sicre, de Toulouse, quartier Arnaud-Bernard.

Arnaud-Bernard, ah comme le monde serait beau si le monde entier s'appelait Arnaud-Bernard, si le monde entier était le quartier Arnaud-Bernard, qui est un quartier de Toulouse créé, inventé par Claude Sicre, car Arnaud-Bernard n'existerait pas sans lui. C'est donc le quartier de l'amitié, de la bienveillance, de la solidarité, un quartier qui n'est pas nécessairement riche, mais où tout semble aller de soi, le quartier de la bonne volonté, de la gentillesse, le quartier qui bat comme un cœur, le cœur immense et admirable de Claude Sicre.

Noël Arnaud, Montauban, décembre 1998 – mai 2000

Note de l'éditeur

Les commentaires qui encadrent les textes sont de l'auteur.

HIGH TENÇON

textes, chansons et commentaires

Fragments d'autobiographie

J'ai commencé à jouer du tambourin, j'avais sept ans. C'est mon père qui me l'a fabriqué, avec une peau de chèvre et du bois de cageot, il m'a montré comment il fallait frapper et après je me suis débrouillé tout seul, j'allais jouer sur les marchés, entre un marchand de poissons et un marchand de viande, j'avais la place, là, on me foutait la paix.

Je chantais de vieilles chansons folkloriques, mon père m'en avait appris quand on gardait les brebis, il jouait de l'harmonica en faisant le rythme avec la langue, comme un accordéon, et alors je chantais ces vieilles chansons il me fallait crier pour qu'on fasse attention à moi… Je suppose que ça devait leur plaire, parce que les gens me donnaient des pièces, quand j'avais fini de chanter, je tendais le tambourin et c'était comme s'il en pleuvait…

Ma famille était très pauvre, on était huit, cinq sœurs et trois frères, je suis l'aîné, et mon père était au chômage, et malade, je crois bien. Alors tout l'argent que je gagnais, je le donnais à ma mère, pour faire manger la famille… Mon père était parti sur les routes pour chercher du travail, en fait il travaillait pas beaucoup, il jouait à la pétanque, il était très fort, et il gagnait un peu d'argent comme ça... Un jour, je devais avoir dans les neuf ans, il arrive à la maison et il dit à ma mère qu'il veut me prendre avec lui pour jouer dans des concours et des parties où il y avait de l'argent à gagner c'étaient les grandes vacances d'été alors ma mère elle dit d'accord et me voilà parti avec mon père dans sa vieille Simca 5 marron on traversait des villes et des villages on s'arrêtait ici et là j'avais un peu honte parce que mon père parlait toujours patois, c'était le plouc, y avaient des gens qui riaient, mais les qui le connaissaient le respectaient parce qu'à la pétanque c'était un champion il m'avait appris des trucs, on jouait en doublette tous les deux ou alors il recrutait un type sur place pour qu'on soit trois, il me faisait pointer, je me débrouillais pas trop mal, et après lui souvent il tirait il avait la main pour tirer et puis il avait sa stratégie. On gagnait souvent mais avec les frais il ne restait pas grand chose à envoyer à ma mère avec l'essence les repas on mangeait des sandwiches toujours derrière des murs je me souviens il voulait pas qu'on nous voit et pour dormir on allait dans des auberges de jeunesse des baraques d'ouvriers des trucs comme ça ou à la belle étoile ça arrivait...

Un jour on est arrivé dans un village près de Nîmes, il y avait là un grand concours sur deux jours, avec beaucoup de prix, et en plus il y avait des parieurs qui misaient sur les uns sur les autres, il y avait les plus grands champions, là venus de Digne, de Marseille, de Nice, de Sète, de partout... et le premier jour on a tout gagné, on a éliminé tous ceux qui nous étaient opposés et ça a fait du bruit, la dernière partie, tout le monde était venu nous voir sur la place, le soir il y a des gens qui nous ont amené au restaurant, mon père il était content il disait « *rasparèm tot, sèm los pus forts* »... la nuit on est allé dormir dans une maison en bois de gardian qu'on nous avait prêtée, en pleine Camargue, et vers minuit peut-être plus tard il y a des bruits qui me réveillent des types sont entrés dans la baraque trois types avec des lampes électriques, on était dans la même pièce avec mon père, ils l'ont appelé, ils sont sortis pour discuter j'entendais pas bien mais tout d'un coups ils se sont mis à s'engueuler, et après ils se sont bagarrés et ils ont foutu le camp, moi j'ai appelé mon père, il m'a dit ça va mais en fait ils lui avaient cassé le poignet et il avait pris des coups partout plus tard j'ai su qu'ils lui avaient demandé de tricher le lendemain... alors on a pris la voiture mon père me faisait tenir le volant du côté droit et me faisait changer les vitesses j'avais conduit des tracteurs déjà et tout doucement on est allé au village réveiller le docteur c'était pas grave enfin il avait une fracture il avait mal le docteur a été très serviable il l'a soigné en pleine nuit puis il lui a dit de revenir le lendemain et d'aller porter plainte on est allé chez les gendarmes mon père a porté plainte « ils ont voulu vous empêcher de jouer » lui a dit un gendarme le lendemain on est revenu chez le docteur qui lui a mis un plâtre puis on est revenus au concours il a raconté son histoire les gendarmes sont venus aussi poser des questions mais il y avait pas moyen de savoir quelque chose. Alors on est parti j'ai dit à mon père « Moi tu vas voir, je vais gagner des sous c'est toi qui va m'aider » il m'a dit « Comment? » je lui ai dit « Avec le tambourin ».

Alors on est allé à droite et à gauche sur les plages, moi je chantais et mon père jouait de l'harmonica avec son bras dans le plâtre et on a commencé à gagner vraiment des sous avec les touristes, ceux de Paris ou du Nord ils nous prenaient pour des Portugais parce qu'on chantait toujours patois avec mon père, et moi je chantais des vieilles chansons en patois, et puis des gens m'ont demandé si j'en connaissais en français, j'ai dit non, mais ça me tracassait, alors avec mon père j'en ai traduit une en français et on a arrangé les mots pour que ça aille avec l'air et je l'ai chanté et ça plaisait mon père m'a dit « Tu gagnes plus que moi à la pétanque » et c'était pas pour me faire plaisir c'était vrai, et on a commencé à inventer pleins de trucs pour attirer les gens, les faire rigoler et c'est là que j'ai commencé à devenir un vrai chanteur, cet été-là…

Publié dans *Corbières Matin*, 13 août 1996.

✈ Le texte qui suit (novembre 1988) est un extrait d'un chapitre du roman *Chronique del Happy jours in Tolosa, Francia* (toujours à paraître). C'est en écrivant ce chapitre que j'ai conçu l'idée des *repas-de-quartier* que j'ai lancés dans mon quartier puis qui se sont développés en quelques années sans aucun soutien institutionnel et souvent même contre les institutions.
Cet extrait a été diffusé sous forme de tract à un demi million d'exemplaires, sur dix ans.

Euh oui dit Eïglun

– Euh oui dit Eïglun il suivait pas très bien la conversation il était fatigué ça s'entendait à son élocution traînante il avait passé la nuit avant et toute la journée à la Corruda de Pleasant Valley.

– J'ai vu Tristan et Yseult à Trieste l'an dernier, déclara Eucadi avec à-propos.

Asag intervint calé dans son fauteuil d'autobus il attendait paisiblement son tour depuis un moment long:

– Queneau a écrit que *L'Écume des jours* était le plus poignant des romans d'amour contemporains. Or que s'y passe-t-il?

Et il se lança à expliquer Tant que Colin est loin de Chloé qu'il en est séparé qu'il désire s'en rapprocher tout va bien la vie est belle et l'univers est sympathique. Mais dès qu'il en est proche c'est à dire juste après leur mariage Chloé tombe malade comme par hazard. Et voilà Colin qui s'en va chercher de l'argent, en traversant mille épreuves, pour payer les médecins et les médecines. On ne pouvait mieux signifier, d'après lui, que le mariage et la vie quotidienne du couple tuent l'amour. Sauf que pour lui il n'était pas question d'amour là-dedans mais de son contraire, la passion amoureuse. La mystérieuse maladie de Chloé n'était rien d'autre que le fruit du manque d'amour de Colin qui s'ennuyait à la maison avec elle. Et plus Colin s'éloignait pour chercher des remèdes plus la maladie empirait. Pourquoi Colin ne restait-il pas auprès de Chloé c'est ce dont elle avait besoin. Ainsi parla Asag, clair comme l'eau de roche.

– Oui mézalor il n'y aurait plus de roman, plus de sel, que resterait-il à raconter ? demanda Fòlco on prononce Fòlco en accentuant la première syllabe (sinon c'est affreux comme quand tous ces journalistes franchimands de la ràdio et de la TV emploient des mots italiens roumains portugais espagnols ou autres ils nous font honte).

La nuit tombait son bonhomme de chemin. Dans le ciel, peut-être pour s'endormir, les nuages jouaient à saute-moutons. Asag réfléchit il faut qu'il mette de l'ordre dans ses idées et puis il sentait les yeux de Lilaflor braqués sur lui comme deux projecteurs qui auraient voulu aspirer de la lumière au lieu d'en projeter. Toute la lumière du Monde.

– C'est pas du sel, c'est le poivre que je veux, fit quelqu'un qui se pencha sur la table par dessus l'épaule de Losada Pardon Choukran dit-il il attrapa le poivre et repartit de son côté.

– Ce qui est bath dans ce roman c'est justement l'intrigue, la tragédie, soit que nous nous attendions à la mort de Chloé soit que nous espérions jusqu'au bout un happy-end… poursuivit Fòlco.

Alors Lilaflor :

– Je ne vois pas pourquoi il n'aurait pas pu y avoir de roman si Chloé n'était pas tombée malade Bien au contraire cette histoire de maladie fatale l'avait agacée elle l'avait trouvé un peu plaquée toute la fin avec ses symboles faciles de fleurs aux fusilhs alors que l'univers du début était si plaisant. J'aurais préféré qu'il raconte ce que Colin et Chloé auraient entrepris ensemble voire séparément où ils auraient été, les amics qu'ils auraient rencontrés, de quoi ils auraient parlé…

Nerta regarda sa fille comme sil elle la voyait pour la première fois Lorie ne payait aucune attention il goûtait le couscous nordestin qu'il était allé chercher de l'autre côté de la Grand'Place. C'était bien cette idée qu'ils avaient eu de demander à la population de descendre manger dans la rue et d'échanger des plats il y avait du monde partout partout de la Promenade des Catacombes jusqu'aux rives du Bellac et mille conversations les gens allaient venaient s'asseyaient ici ou là pour goûter une recette ou une autre les inhabitants de chaque maison avaient descendu leurs fauteuils d'autobus des tables et des couverts les nappes étaient des draps blancs généreusement offerts par la très britannique blanchisserie à dix heures tous brancheraient les postes qui traînaient ça et là sur la même fréquence pour écouter un débat sur l'intérêt des repas de rue tout ça était parti d'Asag qui naguère avait lancé le barri Naut-Bernat à manger tous ensemble tous les jeudis sur la place il avait déclaré « Un jour tous les quartiers du Monde mangeront tous ensemble dans la rue et c'en sera fini de tous les intermédiaires qui gênent la marche de la démocratie ».

Lilaflor se mira un instant dans les yeux d'Asag et Asag pareil Eïglun s'endormait Eucadi servait un verre d'aliment à Brunissen. Les autres avaient toujours la bouche pleine alors ils écoutaient. Présentement ils espéraient la suite de la conversation.

Ce fut le tour de Nerta Bien sûr à se regarder toute la journée dans le blanc des yeux Colin et Chloé auraient fini par se lasser et lasser le lecteur mais au lieu d'attendre que quelque mésaventure leur tombe dessus comme la foudre nous avons à chaque instant l'occasion d'œuvrer pour les autres et pour nous-mêmes à de telles aventures, réussit-elle en une frase à répondre par avance à la question que préparait Fòlco tout en faisant le lien entre ce qu'avait dit sa fille et ce à quoi rêvait Lorie elle le devinait. C'était abstrait, quand même.

– Tu veux dire que Colin et Chloé auraient pu sortir des tables et manger dehors avec les voisins ?

✈ *Jaurès* : improvisation réalisée avec la seule aide d'un dictionnaire de rimes lors du spectacle *Un tcatcheur nommé Jaurès* à Carnaux le 17 avril 1994.
Le texte a été revu (nous avons enlevé les hésitations et autres « heu » du parlé). Ni ajouts ni soustractions.
Cette improvisation avait été précédée par une conférence de Félix Castan et suivie d'un concert avec Masilia Sound System, Fabulous Trobadors, Cie Lubat et Femmouzes T.
Publié dans *Linha Imaginòt*, n° 18, juin 1994.

Jaurès

Jaurès. Le chansonnier cherche des échos sonores à ce nom. Comme s'il croyait que derrière les sons il y a un sens caché. Il n'y en a pas, bien sûr. Saussure l'a montré. Mais le chansonnier veut y croire, parce que son art en dépend.

Certains y croient encore. Cette révolution là n'est pas finie, que la poésie en vers libre a contribué à conduire il y a bien longtemps. Pour tomber dans d'autres préjugés, d'autres impasses. Lisez Henri Meschonnic, vous saurez lesquelles. Notre chansonnier, donc, veut croire à ce sens qui sort des sons. Mais c'est lui qui le construit. En faisant des rapprochements. Arbitraires. Parfois féconds. Il essaye :

Jaurès / Cervantès

Il n'y a rien là de bien évident.

Jaurès en Don Quichotte, peut-être ? Mais ses moulins à vents étaient bien à lui. Armes.

Les mauvais chansonniers, ceux qui n'ont pas grand chose à dire et qui ne travaillent qu'avec le dictionnaire de rimes – il y en a beaucoup en France – se serviraient de ça à tout prix.

Jaurès / Bénarès

Pourquoi pas ? Bénarès, Indes, Gandhi, pacifisme…

Jaurès / Argelès

Et on parlerait des réfugiés espagnols et de leurs camps.

Et Grèce bien sûr.

Tant il était pétri d'humanités (au pluriel).

Il pourrait bricoler quelque chose.

Sans honte, parce que l'accent parisien est devenu la norme, il ferait rimer Jaurès et jeunesse. Les substantifs abstraits en « esse » sont légion et peuvent s'appliquer à tout. Il ne se gênerait pas : vieillesse, traîtresse, allégresse, faiblesse, mollesse, noblesse… Peut-être aussi sagesse.

Et les verbes : engraisse (les marchands de canon) (à faire rimer avec bizness)…

Rapprochements avec des hommes célèbres.

Thalès ? Bof! **Périclès** ? Bof! **Hermann Hesse** (allemand pétri de culture française et occitane, grand pacifiste lui aussi…)… oui… on pourrait…

Mendès. Hum!

Thorez. Ah là il trouverait quelque sens à essayer de dire.

Damoclès.
Et son épée. Était-ce elle qui, au Café du Croissant… l'envoya *ad patres*? Et qui la tenait? Un tenant de **BARRÈS**?

Castan nous a sorti **FOURÈS** dans son exposé. Sans vouloir rimer, lui. Et il nous a montré comment le rapprochement était du plus haut intérêt.

Ô Tempora, ô Mores
La rime est riche.

Faire Florès
Pas mal. Ça pourrait attirer à naître l'expression **Faire Jaurès**, qui serait du meilleur effet.

Y a Jaurès et Patoès
Ça fera pas plaisir aux occitanistes. Mais Jaurès n'était pas occitaniste. Il défendit un peu la langue d'oc, sur des bases utilitaristes, sympathiques mais sans grande portée. Il n'avait pas lu Castan. Les occitanistes non plus, d'ailleurs…

Y aurait aussi un truc intéressant :
Jaurès / Boules Quiès
Mais pour quels sourds ?

Pour finir, moi qui ai un sens politique très aigu, construit dans une pratique quotidienne, même si bien sûr je ne peux pas prétendre rivaliser en rimes intelligentes et en intelligence tout court avec Félix Castan (mais qui peut le faire en France ?), je vais vous dire la seule rime que j'ai envie d'apparier avec Jaurès. Une rime pleine de sons, c'est la rime la plus riche. Pleine de sens aussi, vous allez le voir (Valéry serait...).

Car elle parle d'une guerre dont vous avez été presque tous les contemporains. Certains même des combattants. Parce qu'elle n'est pas vraiment finie et que ses conséquences sont encore meurtrières, dans nos banlieues comme dans d'autres, de l'autre côté de la mer.

Je la dédie spécialement à tous ceux qui sont morts, pour que vivent la France, l'Algérie, la Kabylie, la liberté. Et la paix, toujours à conquérir. Cette rime, c'est les **AURÈS**.

Laidonc sera un pouc de fems

Laidonc sera un pauc de fems
Entre quatre pèiras
Dins la terra que n'avia pas besonh de sa carcassa
Per far sa corsa *(je suis curieux de savoir comment se passera son entretien avec Ch. De G., qui ira le premier vers l'autre, etc., etc.) (faudra-t-il que Dieu en personne intervienne pour organiser le face à face?) (mais non: le général, la cigarette aux lèvres, d'excellente humeur – il vient de déjeuner avec Gandhi, Alexandre de Macédoine et Jacques Duclos – s'approche pour serrer la mano au nouveau venu)*

TRADUCTION
De l'occitan:
Alors il sera un peu de fumier
Entre quatre pierre
Dans la terre qui n'avait pas besoin de sa caracasse
Pour poursuivre sa course
Du breton:
Ce n'est pas triste
Il a achevé son travail

Trist eo neuse,
Achu eo e labour *(par contre, quand il va voir Attali et Séguéla à la télé, il va s'étouffer de rire: "Et dire que c'est MOI qui les ai mis là!")*

Senhor, fètz que montant al cap dau mast,
Tròbe lo jaç de la patz *(et la causette avec Jaurès, les longues promenades à pied en compagnie de Marx ou de Robespierre, et puis un jour, presque par hasard, la rencontre avec Tocqueville – qui entre-temps aura lu Castan et Meschonnic; et la stupeur, en comprenant enfin que « la grande affaire du septennat » était en fait, de la France, la GRANDE AFFAIRE tout court, et la maigre consolation de se dire que les bavards vivants n'y entravent que pouic; et le geste de se pencher sur Fabius avant qu'une voix tonitruante ne lui rappelle: « On ne souffle pas! ») (comme dit le proverbe: « u biscottu vene à chì ùn hà denti! »)*

TRADUCTION
De l'occitan:
Seigneur, faites que montant au bout du mât
Il trouve le séjour de la paix
Du corse:
Les biscuits ne tombent qu'à ceux qui n'ont plus de dents

Immo gentis resurgentis
Prima simus semina
Et Franciae new civilitatis
Condamus fundamina!

TRADUCTION
En latin de la chanson de la Coupo Santo,
écrite par Frédéric Mistral:
Mais d'un peuple qui renaît
Soyons les premières graines
Et de la nouvelle civilité française
Bâtissons les fondations!

✈ Texte commandé par *Libération* à l'occasion de la mort de François Mitterand. Non paru.

✈ La *tençon* est une chanson ; le duel se déroule avec des contraintes musicales (mélodie, rythme) qui s'ajoutent aux contraintes des mots et du sens. Cette *tençon*, préparée (non improvisée), sert de base à l'improvisation. Plusieurs manières de l'écrire sont possibles : chacune privilégie la vision de certains jeux de mots au détriment d'autres que vous pouvez entendre quand la *tençon* est chantée.
Cette *tençon* a été publiée dans la revue dirigée par Noël Arnaud, *Dragée haute*, n° 32, décembre 1998. Avec paroles et musique de C.S., elle figure sur le disque des Fabulous Trobadors, *On the Linha Imaginòt*, Mercury, 1998.

High Tençon

Improviser viser juste / justicier et chanteur /
de rue dans les bran rencardez-vous /
vous entendrez dreyfusien / pas dreyfusard
zarbilingue…

Zarbilingue Lenga d'òc / documents sulfureux /
dresseurs de torts Illa Flat /
attention on dit tout / tout venant en filant /
des perles de verre

Des perles par paire préfère l'impair / en filant la
laine de ver / HerHessman à l'envers tigineux /
J'ai ni génie ni chance aux jeu /
jeu de Tendre est la nuit de jeudi…

Nuit de jeudi Jeudi Noir / Harlem Tramway
où est le désir? / Irun Euzka Di Run M.C. /
M.C. Sollers l'ers d'un c… / apocope còp les
22

Cop les 22 vin de noise / Azul agur fellak
Amazigh / moisir en prison zombie bison /
Z'ont plus besoin de chaperons /
bougent libres les Bretons…

Libretons ère de Brest / Brest Litovsk ski alpin /
le pain rassis assis debout /
bout jusqu'autisme / isthme de Suez…
suez le burnous…

Suez le burnous / où c'est qu'on va / on va
verser versets saints / Vers singés rhétorique /
rhétorique à la loupe tout y passer / l'histoire
de France est toute truquée…

Toute truquée État Français / enseignïant les
évidences / avec l'égout tout à l'é /
l'écouter faut pas le / gouvernement comme il
respire…

Improviser viser roual / la akbar de nuit / nuit
sur la ligne / pointe à latin grec pour tous /
où sont les élites elles sont alitées…

Elles sont alitées dans les bana / véna féoda
fausses universa / alitées Ralitées Jack /
Atalitées loi des réas / réacs et peu qualifiées

Peu qualifier faut passy / f'Auteuil Neuilly
tel est leur ghetto / mas more encore plus /
d'utopie pocrite / les vieilles élites se délitent…

Les vieilles élites se délitent / les neuves sont
dans nos quartiers / hiérarchies renver c'est /
à nous de rêveiller / ce pays de sa torpeur…

Peur des US Académie / démission impossible /
n'est pas passé / franc Ankylose l'ose plus /
plus d'invention extrême onc…

Extrême-onc Thelonius / et cou tu me pièges /
jeu parti partimen / jeu de main de vilain
Villemain / main de maître maître à bord…

Maître à bord ni Guy De / ni guide ni prêtre
opprimé / Mai 68 hit parade / radical i
fornicant / ni Kant ni queue ni tête ta mère…

Ni tête ta mère / des arts des armes et des lois /
à la saint Mauroy lui dit ô / tempora et les
mauresques… rescapées…

Rescapées Capétiens / voilà du boudin dinde
happy / et pomme de rè sur internet /
nettement du sujet on est hors /
torniama a bomba…

A bomba la bamba / Bambara maravédis /
Disneyland deux Milosévitch arrivé /
river leur clouer le bec / vive tous les becs
libres

Tous les becs libres Libreville / villaya
hasardeux / de Charybde en Fodé bats /
ils organisent de faux débats / pour que les
vrais se tiennent pas…

Se tiennent pas rano / nos intellos
spectaculaires / spéculer spéculaire / l'ai du
temple / du temple du temple du temps /
immobile

Immobiles ils s'en font pas / pour leurs demains
maintenir / les status-quo usque /
tandem démocratie irréversible /
par-dessus le toit…

Mangez de l'ail de guerre épais / c'est pas gros
Jean de l'être ou l'étant / les temps sont durs
en fin de mois / fin de moi, c'est à toi…

C'est à toi donc à mi / yo bum rush the show /
hommage aux héros turiers /
et aux pionniers de lign'ô bleue / sang s'en
faire de lance Pierre ou Paul…

Ponce, mon pot'

Pas faire gaffe à soi

(Ça ne marche qu'avec l'accent méridional)

Pas faire gaffe à soi, ça s'appelle suicide
Le repasser exprès, ça s'appelle homicide
Des enfants sont touchés, autant d'infanticides
Des peuples tout entier, autant de génocides

Tu as toujours combattu tous les liberticides
Jadis tu aurais été jusqu'au régicide
Contre l'argent-dieu, tu es plutôt déïcide
Tu es face à un tyran, sois donc tyrannicide

Dans tes chansons, tu prônes la lucidité
Faudrait que dans ta vie d'abord elle préside
Il est urgent pour toi de te décider
À faire que tes paroles et tes actes coïncident.

Texte chanté par les Fabulous trobadors,
Pas de ci... La Rate, 1993, Roker Promocion.

C'est l'anniversaire

De (l'amie(e)) Machin
C'est l'anniversaire
Il est pas centenaire
Il a juste 20 ans

De (l'amie(e)) Machin
C'est l'anniversaire
Y'a la fête à faire
L'affaire du moment

Un an de plus
Qu'il n'avait l'année dernière
Un an de moins
Qu'il n'aura l'an prochain

C'est pas mon anniversaire
Ni le tien, ni le tien
C'est pas mon anniversaire
C'est le sien jusqu'à demain

Un an de plus
Qu'il n'avait l'année dernière
Un an de moins
Qu'il n'aura l'an prochain

De (l'amie(e)) Machin
C'est l'anniversaire
Il est pas centenaire,
Il a juste 20 ans

Improvisation

Un an de plus
Qu'il n'avait l'année dernière
Un an de moins
Qu'il n'aura l'an prochain

✈ Rituel de l'anniversaire :

Cette chanson est une chanson de circonstance. Il y a un rituel, des gestes, des pauses, des reprises. C'est seulement en circonstance qu'on peut apprendre à la chanter.

Couplets 1 et 2 :

L'espace est laissé au premier vers pour que l'on puisse y caser les prénoms les plus longs (voire deux prénoms courts si c'est l'anniversaire de deux personnes à la fois). Pour les prénoms très courts, j'ai prévu d'ajouter « l'ami(e) » ou « notre ami(e) » ou « notre copain », « notre collègue », etc. Idem pour l'âge. « Il a quarante-cinq ans » est possible.

Le tempo doit être lent. C'est un couplet d'exposition du thème. Il n'est chanté que par une personne ou deux ou trois.

Refrain :

Là on demande à tous de reprendre. On le fait deux fois (ou plus). Le tempo est plus rapide que le premier couplet.

Couplet 3 :

Ce couplet sert à ce que tous les invités (chez nous ils sont nombreux et beaucoup sont là un peu par hasard, surtout quand on fête un anniversaire dans la rue ou au café) identifient la personne dont c'est l'anniversaire. En chantant les meneurs désignent de l'index cette personne.

La première fois, tempo lent (comme le couplet). Après on peut accélérer (on le fait deux ou quatre fois).

Refrain :

Un peu plus rapide que le premier (tout le monde le connaît maintenant). On le reprend quatre fois.

Couplet 4 : l'improvisation

C'est le couplet des cadeaux. Comme nous souhaitons beaucoup d'anniversaires (surtout depuis qu'il y a la chanson) que nous le faisons souvent en public (place, café) et que les gens de notre quartier sont plutôt fauchés, voici la solution pour que tous les présents offrent un cadeau : ils offrent quatre vers improvisés.

Chacun à leur tour, les « invités » (ceux qui veulent chanter) s'approchent de la personne dont c'est l'anniversaire. Ils chantent la première partie du premier couplet. S'il y a des instruments, ils se sont tus (ou tiennent un accord) mais en aucun cas ne marquent la mesure, il faut laisser libre le chanteur qui prend le temps de réfléchir à ce qu'il va dire. Puis il s'attaque à l'improvisation. À son rythme.

Pour une improvisation réussie, il faut :

1. respecter la formule des vers : premier vers rimant avec le prénom, deuxième et troisième avec « aire », quatrième avec « en » ;
2. essayer d'inventer selon la forme « deux premiers vers : présentation de l'idée / troisième vers : transition / quatrième vers = chute ».

Une improvisation réussie est celle qui, au respect de ces deux contraintes, ajoute celle de la mesure. Avec l'habitude, certains y arrivent très bien.

Refrain :

Là on ne le fait qu'un fois ou deux, juste le temps de laisser un autre invité s'approcher.

On intercale ainsi refrain court et improvisation jusqu'à ce qu'il n'y ait plus de candidats à l'improvisation. À la fin on reprend en chœur le refrain tant qu'on veut, en accélérant de plus en plus.

✈ *Bonne nuit*: après le refrain, délire à deux. Le premier lance un Si… (appel), le second répond (répons). Au bout de quelques uns, on reprend le refrain. Puis ça repart.

Bonne nuit

Bonne Nuit, Bonne Nuit
C'est l'heure d'aller au lit
Nous vous souhaitons de beaux rêves
Pour oublier vos ennuis

Bonne Nuit, Bonne Nuit
C'est l'heure d'aller au lit
Nous vous souhaitons de beaux rêves
C'est le cinéma gratuit

Si tu te couches à neuf heures
Tu te lèves de bonne humeure
Si tu te couches à la dix
Tu rêvera de Baudis
Si tu te couches à la onze
Tu te lèves pas debonze
Si tu te couches à minuit
Tu rêves à Douste-Blazy

Si tu te couches à la une
Tu ne rêveras qu'aux thunes
Si tu te couches à la deux
Tu rêveras à la beu

Si vous vous couchez à trois
Dans ton lit t'es à l'étroit
Si tu te couches à la quatre
Tu rêves de Cléopâtre

Bonne Nuit, Bonne Nuit
C'est l'heure d'aller au lit
Nous vous souhaitons de beaux rêves
Pour oublier vos ennuis

Si tu te couches à cinq heures
C'est que ton plan traîne en longueure
Si tu te couches à la six
Tu rêves d'éléphantiasis
Si tu te couches à la sept
Bois de l'eau au robinet
Si tu te couches à la huit
T'auras pas un bon coït

Si tu te couches en été
Pour l'hiver tu seras frais
Si tu te couches en automne
Les violons sont monotones
Si tu te couches sans te moucher
T'auras des mouches dans le nez
Si tu te couches dans l'évier
Tu risques de le boucher

Bonne Nuit, Bonne Nuit,
C'est l'heure d'aller au lit
Nous vous souhaitons de beaux rêves
Pour oublier vos ennuis

Bonne Nuit, Bonne Nuit
C'est l'heure d'aller au lit
Nous vous souhaitons de beaux rêves
C'est le cinéma gratuit

Si tu te couches avec Bobonne
Tu rêveras à la bonne
Si tu te couches à Narbonne
Tu t'endors sous la bonbonne
Si tu te couches à Marseille
C'est Massilia qui t'éveilles
Si tu rêves de Paris
C'est que t'es pas aïoli,
Si tu couches avec le boucher
Fais gaffe à pas te viander
Si tu dors sans renommée
Les trompettes seront mal embouchées

Bonne Nuit, Bonne Nuit
C'est l'heure d'aller au lit
Nous vous souhaitons de beaux rêves
Pour oublier vos ennuis

Si tu rêves de préchi-précha
Entretiens-toi avec Bichat
Si tu dors comme un pacha
Tu rêveras de paras
Si tu dors avec ton chat
Aux chattes tu rêveras
Si tu veux rêver de geishas
Commande au télé-achat

Si tu te couches tout habillé
T'auras le falze tout froissé
Si tu couches en culotte
Bientôt faudra que tu l'ôtes
Si tu te couches en pyjama
T'auras le look Serge Lama
Si tu te couches tout nu
T'attraperas froid au cul

Bonne Nuit, Bonne Nuit
C'est l'heure d'aller au lit
Nous vous souhaitons de beaux rêves
Pour oublier vos ennuis

Bonne Nuit, Bonne Nuit
C'est l'heure d'aller au lit
Nous vous souhaitons de beaux rêves
C'est le cinéma gratuit

Si tu te couches avec Alice
Tu te couches avec délices
Si tu te couches avec Aline
Tu rêveras de Céline
Si tu te couches avec Céline
Sûr tu rêveras d'Aline
Si tu veux rêver matos
Va donc dormir chez Speedos

Si tu dors sous l'ananas
Tu rêveras des Bahamas
Si tu te couches tout seul
Tu rêveras du tilleul
Si tu te couches sans ta nana
Jamais tu la reverras
Et si tu te couches pas
Jamais tu ne rêveras

Bonne Nuit, Bonne Nuit
C'est l'heure d'aller au lit
Nous vous souhaitons de beaux rêves
Pour oublier vos ennuis

Bonne Nuit, Bonne Nuit
C'est l'heure d'aller au lit
Nous vous souhaitons de beaux rêves
C'est le cinéma gratuit

✈ Texte chanté par les Fabulous trobadors, *Era pas de faire*, 1992, Roker Promocion / Bondage.
Pas de ci est chanté à deux voix alternativement.

Pas de ci

Pas de pays sans paysans
Pas de régions sans ci… Marc

Pas de ci pas de ça
Sans souci ou sans cela
Pas de fumée sans feu
Pas d'idées sans être deux

Pas de rose sans épines
Pas de France sans français
Pas de français sans racines
Pas de race sans mêlée
Pas de mêlée consanguine
Pas de France sans étrangers

Pas d'Europe sans Euskadi
Pas de Vasco dans Gama
Pas de dogme sans hérésie
Pas d'iretges sens cramar
Pas de crème sans biscuits
Et pas de bonbon sans Kréma

Pas de maître sans esclave
Pas d'esclave sans griefs
Pas de prison sans entraves
Et pas de seigneur sans serfs
Pas de liberté sans braves
Et sans soldats pas de chef

Pas de bon thé sans théière
Pas de chatte sans chatons
Pas de château sans chaumière
Pas de chaume sans grillon
Pas de grenier sans poussière
Pas de poussière Cendrillon

Pas de terra sens senhor
Pas de senher sens caval
Pas d'argent sens profitor
Pas de Marx sens Capital
Pas de profit sens susor
Pas de combat syndical

Pas de pascàla sens uòu
Pas de monges sens confit
Pas de bon bistèc sens buòu
Pas de western sens wisqui
Pas de wisqui sens cow-boy
Pas de confin sens patin

Pas de ròsa sens espinas
Pas de fumeio sens fuòc
Pas de speed sens cocaïna
Pas d'escòla sens intox
Pas de folclòre sens imnes
Pas d'amor sens lenga d'òc

Pas de *molinier* sans blé
Et pas de blé sans faucheuse
Pas de guerre sans blessés
Pas de moisson sans batteuse
Pas de combat sans armée
Pas de clairon sans Sambre et Meuse

Pas de combat sans armée
Pas d'armée sans militaire
Pas de choix sans militer
Pas de d'élites sans critères
Pas de crédit sans voter
Pas de vote censitaire

Pas de beau temps sans orage
Pas de veille sans sommeil
Pas de forêt sans ombrage
Pas d'ombrage sans soleil
Pas de vis sans filetage
Pas de vrai pied sans orteils

Pas de vrai pied sans orteils
Pas d'humour sans occitan
Pas de folkeux sans la vielle
Pas de jazz sans chabada
Pas de Dédé sans Minvielle
Pas de Minvielle sans Lubat

Pas de rose sans épines
Pas de Marseille sans Massilia
Pas de cousin sans cousine
Pas d'Ange B. sans Wha-wha
Pas de babau sans vesina
Pas de Sicre sens Castan

Pas de présent sans passé
Pas d'Uzeste sans Lubat
Pas de bal sans y valser
Pas de percée sans dégâts
Pas d'arrière sans pensée
Pas d'avancée sans débat

Pas d'Alger sans Constantine
Pas de tante sans tonton
Pas de beurre sans tartine
Pas de tarte sans citron
Pas de Burgos sans tantine
Pas de tata sans tétons

Pas de pompier sans pinpon
Pas de pipe sans haschich
Pas de hache sans bûcheron
Pas de Lorraine sans quiche
Pas de quiche sans jambon
Pas de jambon sandwich

Pas de canal sans Riquet
Pas de rime sans raison
Pas de Christ sans Nazareth
Pas de jeune sans maison
Pas d'Alain sans Larrazet
Pas de Dazi sans Ziron

Pas de festa sens rector
Pas de sason sens coculz
Pas de rams sens procession
Pas d'amor sens far de bruch
Pas de Nadal sens tesson
Pas de blaga o sèm fotuts

Pas de serbe sans croate
Pas d'océan sans plancton
Pas de Platon sans Socrate
Pas de crasse sans savon
Pas de repas sans picrate
Pas de Monty sans Python

Pas de pic sans y monter
Pas de Monty sans Python
Pas de ton sans accorder
Pas d'accord sans diapason
Pas de maison sans télé
Pas de télé sans vison

Pas de gare sans triage
Pas de train sans banlieusards
Pas de Dieu sans hypostase
Pas de poste sans standard
Pas d'Andorre sans Pas de la Case
Pas de Case sans Ricard

Pas de chacun sans chacune
Pas de curé sans Bessou
Pas de rancœur sans rancune
Pas d'ivresse sans être saoul
Pas de Picsou sans fortune
Pas de tune sans des sous

Pas d'Africa sens zolos
Pas de solelh sens calor
Pas de jòia sens dolor
Pas d'arcolan sens colors
Pas de trobar sens umor
Pas d'amor sens trobadors

Pas de science sans conscience
Pas de roue sans des essieux
Pas de sage sans patience
Pas d'esprit sans Montesquieu
Pas de loi sans immanence
Pas de discours sentencieux

Pas de Paris sans métro
Pas de métro sans Zazie
Pas de Vénus sans Milo
Pas de Lorraine sans Nancy
Pas de Nice sans Corso
Pas de Corse sans Paoli

Pas de Corse sans Paoli
Pas de Victor sans Hugo
Pas d'Hugo sans Hernani
Pas de Bernard sans Hinault
Pas d'ailleurs sans des ici
Pas d'Issy sans Moulineaux

Pas de cavalier sans selle
Pas de selle sans radis
Pas un radis à Sarcelles
Pas de celle sans vari
Pas de piéton sans ruelles
Pas de rue sens interdit

Pas de ci pas de ça
Sans souci ou sans cela
Pas de fumée sans feu
Pas d'idées sans être deux

Le big défi

C'était un autre jour sur la linha, je me promenais et, dans un terrain vague, j'ai vu un groupe de gens qui discutaient, je les connaissais pas mais, parmi l'assistance, y avaient des têtes célèbres, Bob Dylan, Arlette Laguiller, Peter Pan, Guy Debord, Maria Bonita, Mikael Jordan, Olympe de Gouges, Homère et Tatou, du Massilia Sound System, je me suis approché et j'ai écouté.

La discussion portait sur la démocratie, la mondialisation, et le thème qui revenait le plus souvent, c'était les USA, comment les Américains faisaient pour exporter leurs idées, leurs produits et leur mode de vie dans le monde entier... Au bout d'un moment la discussion tournait un peu en rond quand un type a dit:

Je vais vous raconter une histoire:

À New York, y avait un homme qui se vantait de pouvoir convaincre qui il voulait de tout ce qu'il voulait. De pouvoir convaincre n'importe qui de n'importe quoi. Et ça marchait, il avait un énorme succès, plein d'entreprises l'avaient engagé comme conseiller, Nike, Coca-Cola, Disney, les studios d'Hollywood, même le président des États-Unis l'appelait souvent. Et à côté de ça, il donnait des cours de persuasion, qu'il se faisait payer très cher et que venaient suivre des gens du monde entier. Même de France, des hommes d'affaires, des producteurs de télé, des musiciens, dernièrement c'étaient les rappeurs qui y allaient en masse…

Un jour y a justement un petit françouia qui débarque, qui s'inscrit à ses cours mais au bout de quelques semaines un truc le titille alors il va voir le Maître et il lui dit :

– Je crois que j'ai compris vos méthodes, mais il me semble que c'est pas là l'essentiel, que derrière vos techniques il y a quelque chose qui vous porte et que c'est chaque fois ce quelque chose qui convainc les gens, pas les techniques…

Alors le Maître sourit :

– C'est bien vu… et t'es le premier à remarquer ça. ceux qui me critiquent comme ceux qui m'admirent pensent pareil : qu'il s'agit de techniques. Les premiers crient à la manipulation, à l'impérialisme, préviennent les gens mais le public se laisse séduire quand même. Les seconds viennent chercher des recettes, nous copient, ça leur permet de réussir quelques temps chez eux, mais dès que la mode change ils sont obligés de revenir s'approvisionner et jamais, de chez eux, avec les techniques qu'ils ont apprises, ils ne peuvent me dépasser, et inventer quoi que ce soit de neuf qui intéresse le monde entier... Tout ça parce que derrière les techniques, y a une vérité, qu'il faut découvrir par soi-même... Cherche là!

Alors le jeune il se remet à étudier, à réfléchir, à suivre le Maître dans ses tournées, et puis un beau jour il revient le voir:

– Cette fois j'ai compris... La vérité c'est que...

– N'en parle pas... laisse les gens trouver tout seuls... Mais alors, toi, qu'est-ce que tu vas faire, maintenant que tu sais...

– Rentrer chez moi et travailler...

– Très bien, mais si tu as vraiment compris, tu sais aussi que ça va être très très dur, d'inventer ta voie et celle de ton pays. Tu risques de passer longtemps pour le dernier des ploucs...

– Je sais... mais je sais aussi que c'est la seule vraie aventure qui vaille le coup.

– Exact! Okey, bon, écoutes, t'as plus qu'à me payer et puis, bonne chance...

Alors le jeune le regarde et dit:

– Ce que je tiens à faire, c'est à vous dire merci, merci pour l'accueil, merci pour les leçons... mais quant à vous payer, ça je crois pas que je vais le faire...

Le Maître sursaute :

– Comment ça ? Attends je peux t'y forcer, t'as signé un contrat, mon pote. Et tu sais ce qu'il est arrivé à ceux qui ont essayé de me doubler ?

– Je sais, ouais, et vous avez bien raison de me demander de payer mais écoutez-moi : vous nous avez dit que vous nous apprendriez à convaincre n'importe qui de n'importe quoi. Si vous m'avez bien appris à faire ça, je vous dois votre salaire, mais je vais alors être capable de vous convaincre que je ne vous dois rien… et si j'y arrive pas, si je suis pas capable de vous convaincre que je vous dois rien, c'est que vous m'aurez mal enseigné, et donc je vous devrais rien non plus… Dans les deux cas, j'ai rien à payer…

– Wooaaoh ! fit le Maître et il éclate de rire. Merde, cette leçon vaut bien un fromage… T'es bien parti, mais où tu veux aller ? Tu veux défier les USA à toi tout seul ?

– Hum…

– Hey, je crois que je vais te croiser souvent sur mon chemin, il va y avoir des défis intercontinentaux entre nous. Ça me plaît d'avoir des concurrents à la hauteur… Au fait d'où tu m'as dis que tu venais, de quel putain de quartier, dans quelle putain de ville ?

– Toulouso, quartier Arnaud-Bernard…

✈ Conte d'après la tradition grecque classique, musicalement présent sur le disque des Fabulous Trobadors *On the linha Imaginòt*, Mercury, 1998.

Plage du Capitole

Au Capitole, on y court, on y vole
Au Capitole, on y va en caleçon
On y va tous sans nos maillots là sur la plage
Qui a remplacé l'ancienne place
Au bout de nos futurs remblas
Au Capitole, on y court, on y vole
Au Capitole, en concert de klaxons – tut! tut!

On te l'annonce, passe le mot
Claque ton son et branche-toi
Sur la bonne sono

Au Capitole, on s'y baigne, on rigole
Au Capitole, on y est comme des poissons
D'où que tu sois noir, ou blanc, vert ou jaune
Même sans oseille, c'est pareil
T'as le droit à ta place au soleil
Au Capitole, c'est un joli symbole
Tout le monde à poil bronzant à l'unisson
La Capitale, nous la faisons
Et jamais, jamais, nous ne capitulerons…

Dans chaque ville, les banlieues sont fébriles
Dans chaque ville, les faubourgs font l'union
On mettra tous sur les pavés, la plage
En plein centre sur les grand'places
Au cœur des plus grandes cités
Dans chaque ville, la jeunesse jubile
Dans chaque ville, aux édiles bidons
On fera voir que nous savons
Nous prendre en main et changer
Le monde par notre action

✈ Cette chanson fait suite à un texte paru le 10 novembre 1989 dans le *Journal de Toulouse*. Il préfigurait le projet concret de transformer la Place du Capitole en Plage. Projet qui, malgré une grande mobilisation et un grand battage médiatique, a été refusé par le Maire en 1989, 1990 et 1991. L'idée – vidée de son sens politique et civique (les gens des quartiers et des banlieues en maillot au centre-ville, etc.) – a été repris ailleurs par des villages ou des villes, comme simple gag.
Cette chanson, sur une musique de Rita Macedo, est interprétée par les Femmouzes T., *Femmouzes T.*, 1996.

✈ Les *Vidas* sont des textes courts qui racontent la vie des principaux trobadors occitans (XIe - XIIIe siècles). Elles ont été écrites un siècle ou deux après leur mort. Cette *Vida*, commandée par Massilia Sound System à GLAWDI SICKRÈ, figure partiellement dans leur dernier album. Elle y est cantillée, Claude Sicre s'accompagnant d'un ektara (monocorde du Bengale).
Elles figurent sur l'album de Massilia Sound System, *3968 CR 13*, Adam, avril 2000.

Vida de Massilia Sound System

1
Massilia Soun Sistemà
Si furent et sempre sont un groupe
De Joglars de la ville de Marsiha
Qui, à force de talent et de travail,
Réussirent à devenir trobadors,

2
Dans leur jeunesse, traînant au Panier, ils rencontrèrent Jo Corbeau, légendaire griot arménien et ami personnel de Bob Marley, qui les initia au folklore jamaïco-marseillais,

3
Et ils montèrent leur groupe quand finissait la première moitié des années 80,

4
Et ils se mirent à animer des Sound System par les carrières et à virer dans les bars de leur ville et d'ailleurs,

5

Et à l'époque le groupe était composé de Djalight aujourd'hui Djagdish, de Prince Tatto et de Ranking Clarence, tous trois M.C de raga, d'un nommé Chill parfois accompagné de Shurricane pour la partie rap, et d'un D.J. venu de Toulon qu'on appelait Captain Fraca,

6

Et aussi bien du raga que du rap français ils furent des pionniers, allant porter leurs bonnes paroles dans les lieux les plus divers de la vieille France rockeuse et variéteuse où ils tourneboulaient l'esprit des jeunes générations,

7

Et en décembre 87 jouant à Toulouse ils rencontrèrent les Fabulous Trobadors qui leur firent découvrir les joutes nordestino-occitanes et la philosophie de la décentralisation selon Félix Castan,

8

Et en retour Massilia fit découvrir aux Fabulous toutes les ressources du folklore marseillais et leur offrit un public jeune et enthousiaste qui les lança définitivement,

9

Et l'union de Toulouse et de Marseille fit grand bruit et la *Linha Imaginòt* était née et beaucoup comprirent qu'il s'agissait d'un fait majeur et que la France ne serait plus jamais comme avant,

10

Et il y eut des changements dans le groupe, Chill et Shurricane allant fonder IAM, Ranking Clarence allant enregistrer en solo, Guatta remplaçant Fraca aux platines, et Carolina Bonnet devenant l'organisatrice en chef de tout le tremblement,

11

Cependant ils composaient beaux airs et beaux vers et ils fondèrent Roker Promocion et ils enregistrèrent en 1989 une première K7 intitulée *Rude et Souple*, suivie de celle du groupe IAM intitulée *Concept*, puis ils enregistrèrent les Fabulous Trobadors et Bouducon Production,

12

Et par ces œuvres ils imposèrent Toulouse et Marseille sur la scène nationale, et les imposèrent non comme lieux de racines mais comme foyers autonomes de création de production et de diffusion, et c'était la première fois en France qu'une telle chose se passait, et une brèche était ouverte où s'engouffrèrent d'autres groupes de musique, et toutes sortes d'artistes, d'intellectuels et de militants de tout le pays,

13
Et Gari et Lux Beauté entrèrent dans le groupe comme MC, et plus tard Janvier remplace Guatta aux machines,

14
Et je passe plein d'épisodes,

15
Et en quelques années ils fidélisèrent un public composé non de simples fans mais de filles et de garçons qui étaient chez eux les plus engagés dans l'action et les plus réfléchis et dont on peut dire qu'ils constituent la future élite de la nouvelle nation française qui se construit sous nos yeux, et qui est tout à la fois, sans oublier un seul terme, radicalement républicaine, démocrate et pluraliste,

16

Et cependant que le rap marseillais, espoir d'une génération, se provincialisait, le raga de Massilia se provençalisait de plus en plus en digérant lentement les modèles indiens et ceux des troubadours du nordeste braileiro,

17

Et dès l'an 2000 ils ajudèrent Angélique Sanchez et ses amics de monter un Forum des Langues du Monde qui révéla au grand jour où étaient les vraies richesses de Marseille et qui devint en quelques années la plus belle fête de la pluriculturalité qu'on ait jamais vu dans aucun pays,

18

Et en 2003 ils gagnèrent beaucoup beaucoup d'argent avec un album polyglotte,

19

Et au lieu de gaspiller cet argent en dépenses privées ou en aides à des projets bidons ils s'en servirent pour faire ce qu'ils pensaient être leur devoir de citoyen marseillais,

20

Et ils prouvèrent que mieux que quiconque ils savaient quelle pierre pouvait et devait Marseille apporter au Monde,

21

Et ils rachetèrent le bar de la Marine dont ils firent un vrai Café de la Marine, à savoir un centre d'invention folklorique ouvert 24 h sur 24 et une étape majeur de la Linha Imaginòt où se pressaient les voyageurs de tous les quartiers du Monde,

22

Et certains d'entre eux firent construire à La Joliette et à La Ciotat de grandioses studios de cinéma, et ils montèrent une maison de production baptisée Aioliwood, et actuellement il se tourne là-bas 2 films marseillais par semaine sans compter les séries et cela apporta beaucoup d'oxygène au cinéma français qui en avait bien besoin et n'oublions pas les dizaines de milliers d'emplois générés sur place, dont les meilleurs sont réservés à la Chourmo,

23
Et d'autres achetèrent un âne et se firent chanteurs ambulants et portèrent partout à travers le vaste monde le message de gaieté civique et cosmopolite qui est le seul vrai et authentique message de Marseille depuis qu'elle est Phocée,

24
Et parcourant les routes ces derniers vécurent de la mendicité, recevant de temps en temps quelques gros chèques de la SACEM qu'ils se hâtaient de dépenser en finançant de folles entreprises anti-centralistes,

25
Et d'autres encore investirent dans la création d'une grande revue généraliste qui présentait chaque semaine la vision marseillaise des événements de la France et du Monde, et cela transforma toute la problématique du journalisme français,

26

Et tous ensemble avec plein d'autres ils firent de Marsiha une capitale qui, sur tous les sujets, musique, littérature, peinture, philosophie et tout le reste, devint capable d'échanger et de dialoguer d'égale à égale avec toutes les grandes capitales du Monde, comme elle ne l'avait fait jusque là que pour le football,

27

Et c'est justement alors que, comme pour couronner leur anti-carrière, ils firent une très belle chansong qui réussit à convaincre Zidane de venir jouer à l'OM,

28

Et le Massilia ne mourût jamais, car ses pionniers formèrent des jeunes qui les relayèrent dans le même esprit, et ces jeunes formèrent à leur tour d'autres jeunes, cependant que les anciens composaient toujours pour le groupe et montaient sur scène quand ils en avaient envie,

29

Et ainsi Massilia Sound System exista pour les siècles des siècles, jusqu'à la fin des Temps,

30

Et tout ce que je raconte ici je le sais pour l'avoir vécu de près et vu et entendu et compris comme il fallait.

Claude Sicre

Né à Toulouse.

Grandit dans les terrains vagues des Minimes (son « AméricKe »).

Études bâclées jusqu'en thèse d'ethnomusicologie, en autodidacte.

Après la traversée des USA en stop, décide de fonder son paradis à Arnaud Bernard, sur la place (football, musique, conversations socratiques, tout mesclé dans la rue).

Il écoute :

Blues rural (le plus possible) ;

Musique nordestine des vagabonds et de violeiros ;

Chants de femmes italiennes ;

Musiques folkloriques du monde ;

Du blues-grass ;

Et... c'est tout.

Bibliographie

Sur la musique :

Jouer à la musique en passant, recueil d'articles sur la musique de tradition populaire, Conservatoire occitan, Toulouse, 1982.

Avec Xavier Vidal :

Les danses dans la tradition populaire du Lauragais, Conservatoire occitan, Toulouse, 1983.

Les instruments de musique dans la tradition populaire des pays d'Oc, EHESS, Paris & Toulouse, 1983.

La musique de tradition populaire face au rock, au free-jazz, au folk, à la musique savante : styles et fonctions, IEO & Privat, Toulouse, 1986.

Présent et avenir de la musique de tradition populaire, IEO, Toulouse, 1986.

Romans, nouvelles, essais :

Doux et humble de cœur, roman en collaboration avec B. Benassar, Cepadues, Toulouse, 1979.

Identité et civilité, « 42 thèses sur le jeu de l'Occitanie », IEO, Toulouse, 1984.

Un adieu à la chair, nouvelle, préface de Jorge Amado, IEO, Toulouse, 1985.

De Toulouse, 50 ou 60 kms à peu près..., nouvelle, IEO, Toulouse.

Vive l'AméricKe, Publisud-Adda, 1998.

Chronique dels happy jours in Tolosa, Francia, roman, à paraître chez Grasset.

Discographie

Claude Sicre :

Riga-Raga : *Musica Nostra*, 33 t., Revolum, Toulouse, 1979.

La Jaç : *Quand La Jaç est là !*, 33 t., VVAP-Revolum-Ventadrorn, Toulouse, 1983.

Tolosa Tango, « Hommage à Carlos Gardel », 45 t., Revolum, Toulouse, 1984.

Avec Nazaré Pereira : *Brasil à Tolosa*, « Disque du Carnaval », 33 t., COCU-Revolum, Toulouse, 1985.

Fabulous Trobadors :

Erra pas de faire, CD, Roker Promocion / Bondage, 1992.

Pas de ci, La Rate, CD single, Roker Promocion / Bondage, 1993.

Ma ville est le plus beau park, CD, Mercury, 1995.

Trobadors on the Linha Imaginòt, CD, Mercury, 1999.

Sur les Fabulous Trobadors,

Jaime Gaudas, *Fabulous stories*, Trobar (Collection de l'Ostal des libre), 1995.

Pour cassettes et partitions de « Bonne nuit » et « C'est l'anniversaire » : Association Escambar, 35, place des Tiercerettes, 35000 Toulouse.

Table des matières

Libre espace

Une collection pour (re)découvrir la poésie, en toute liberté

« Libre espace » revendique son *plaisir* à lire et diffuser la poésie.

« Libre espace » s'ouvre à des auteurs, jeunes ou méconnus, confirmés ou non, mettant en lumière des itinéraires qui engagent *le fait poétique*.

« Libre espace » espère ainsi, au fil des publications, dresser un panorama certes non exhaustif mais passionné de *la poésie contemporaine*.

La collection est animée par Thierry Leroy, Marc Silberstein et Richard Walter, avec l'amicale complicité de Hervé Le Tellier et de Gérard Teillot.

DÉJÀ PARUS DANS LA COLLECTION

Hervé Le Tellier, *Zindien* suivi de *Maraboulipien*, dessins de Henri Cueco.

Marc Silberstein, *La Prospérité de l'entropie*, pointe sèche de Lionel Lesire.

Jean-Clarence Lambert, *L'Anti-légende du siècle* suivie de *Contre-actualités*, anti-illustrations de Rancillac.

Claude Sicre, *High tençon*, portrait par Freddo Sacaro.

Édouard Jaguer, *L'Envers de la panoplie*, illustrations de Max Schoendorff.

Alain-Pierre Pillet, *Watt Mer*, tome 1, illustrations de Jacques Monory.

High Tençon est le quatrième titre de la collection « Libre espace » des éditions Syllepse. Il a été composé en caractère AGaramond et imprimé en juin 2000. Il a été tiré 40 exemplaires de tête répertoriés comme suit :

∞ dix exemplaires, réservés aux auteurs, illustrateurs et collaborateurs de la collection, marqués « hors commerce » et numérotés de I à X, augmentés d'une sérigraphie de Freddo Sacaro ;

∞ trente exemplaires du tirage de tête, numérotés de 1 à 30 et signés par les auteurs, augmentés d'une sérigraphie de Freddo Sacaro.

IMPRESSION, BROCHAGE
IMPRIMERIE CHIRAT
42540 ST-JUST-LA-PENDUE
JUIN 2000
DÉPÔT LÉGAL 2000 N° 9602

IMPRIMÉ EN FRANCE